El Arte de las Palabras

ISBN: 1532707177
ISBN 13: 9781532707179

El Arte De Las Palabras es un libro que no contiene o exige seguir un capítulo. Es un intrumento de energía que te permite atraer el mensaje que tu alma busca en el momento. Encontrarás mantras, frases sobre la intuición, la mente, perspectiva, meditación, realización personal y mucho más…

Adieny Nuñez

Todos estamos donde debemos estar,
en el momento presente.

Cuando dejas atrás lo innecesario
el universo te ofrece lo que siempre
has deseado. Para que algo con valor
pueda entrár a tu vida, desprenderte
de lo que no tiene sentido para ti

Dedícale tu tiempo a personas que te
permitan descubrir el mundo,
que te ayuden a liberar el alma
en vez de ahogarte en miedos.
El temor nos mantiene aferrados a
personas con las que no deseamos estar.

Sé paciente y no perderás lo mejor de la vida. La práctica perfecta radica en estar en calma con uno mismo y con todo lo que te rodea. Respira profundo, vive en armonía, y no perderás la serenidad del alma que es solo tuya.

Las palabras pueden lograr
que se haga justicia,
sólo si la llevas a la práctica.

Cuando permites una tercera persona
en tu relación sentimental,
estás rompiendo automáticamente
un compromiso.

Deja que las personas de mal humor

sean sólo una prueba en tu vida.

En vez de entregarte a su ira,

cede a tu paz.

Al ego le encanta juzgar para sentirse
mejor, no lo alimentes con juicios.

Hoy voy a tener paciencia y a ser coherente en mis palabras y acciones.

Sé fiel a los demás,
pero más que todo, sé fiel a ti mismo.

La mente nos envuelve en sus trucos.
Cuando crees que tienes el control,
ella te manipula. Sé consciente y
termina con el ciclo de pensamientos
negativos. Tu mente es una
herramienta poderosa;
debes controlarla y reconocerla.

La verdad de nuestras almas
nunca podemos dejarla escapar.
No te enfoques en el mundo exterior;
busca en tu interior, donde encontrarás
la mayoría de tus respuestas.

El pasado es un lugar al cual no puedes
regresar. ¿Para qué mirar hacia atrás?
El pasado te convierte en quien eres
y te deja enseñanzas, pero no abandones
tu presente y prepárate para el futuro.

Algunas personas son como puentes
en nuestras vidas. Nos ayudan a llegar
al otro lado, pero también nos dejan
lecciones. Nunca olvides lo que
sentiste al cruzar al otro lado.

Que tus ambiciones y creatividad
hagan feliz tu día. No te quedes
atascado en tus pensamientos.
Que todo lo bueno en tu interior te
guíe en el camino. No prestes atención
a las recriminaciones de tu mente de lo
que "pudo haber sido" o "lo que fue".
Enfócate en pensamientos alegres
e inspiradores.

Vive tu vida como realmente deseas,
y no como los demás esperan que lo hagas.
La mayor parte del tiempo queremos
complacer a los demás y hacerlos felices,
y terminamos olvidándonos de nuestros
propios objetivos.

Nunca te arrepientas
de algo que te hizo madurar.
Las experiencias son las lecciones
disfrazadas de bendiciones.
A fin de cuentas, todas tus experiencias
son parte de tu jornada y debes vivirlas
para tu crecimiento personal.

Bajo el sol o bajo la lluvia,
lunes o viernes, mantente motivado
y feliz. Si temes a la lluvia o al lunes,
esa será tu actitud a lo largo del día
y atraerás cosas negativas.

Si deseas mejorar, fortalécete para tomar
acción. No te apresures en busca
de un resultado inmediato.
Después de todo, somos el producto
del proceso. No pierdas la motivación
por tu afán.

No cedas a tu mente cuando tu corazón te dice lo contrario. Tu mente te juega trucos y hace que te enfoques en cosas buenas o malas. Encamínate en lo que desea el corazón, no la mente.

No entierres tus emociones. Exprésalas
y libéralas. El cuerpo no necesita
acumular dolor. Déjalo escapar.

Ser libre es redimirte de tu mente que te atrapa y te hace sentir prisionero. Cuando te liberas de todos tus pensamientos negativos, recuperas tu esencia del mundo.

Es fácil juzgar. La mente está acostumbrada
a enjuiciar todo.
Juzgar nos hace ver cómo nos sentimos
y es el espejo sucio de nuestra mente.
Reemplaza los juicios con elogios.

Cuando el amor toca nuestro corazón,
no hay distancia que supere ese contacto.

No dejes que tu ego se apodere de tu vida.
¡Conócete a ti mismo! Sé consciente
de que tus pensamientos no deben
controlarte; sé consciente
de que tú controlas tu vida.

Abre tu mente a las visiones interiores
del alma.

Fomenta tus puntos fuertes, no los
débiles y haz siempre lo mejor
que puedas. Ignora tus "no puedo".

Atrévete a romper un ciclo vicioso.
Nuestros cuerpos crean malos hábitos,
incluso en la toma de decisiones. Si te
mantienes conectado con tu conciencia
y patrones, puedes romper cualquier ciclo
vicioso.

Un pequeño obstáculo sólo es una
oportunidad de crecimiento.

Las apariencias nos seducen,
pero el interior nos transforma.
Así como los libros,
a las personas no las vemos por adentro. Juzga
menos y observa más.

Tú y tus palabras son una obra de arte.
¡Muestra tu belleza!

Trata bien tus días para que las cosas
mejoren, nadie es dueño de tu tiempo
ni de sus bendiciones.

Camina como si el mundo fuera tu pista de aterrizaje, como si el Sol o la Luna fueran tu reflejo, camina sin perder el rumbo, sin perder el ritmo de tus pasos.

No aceptes un beso muy sensual si
conlleva a gran falsedad.

Acepta cuando estés equivocado,
porque hasta el sabio reconoce su error.
El ego siempre quiere tener la razón,
que no es precisamente sinónimo
de poder o fortaleza.

Una habitación oscura se ilumina
si eres tú la luz que necesita.

Relaja tu cuerpo, tu mente y tu alma.

Saber escuchar es cada vez más difícil.
Mantente presente en el momento
y pon atención al que te habla sin
interrumpirlo, sin pensar en algo
que decir. Escuchar es un gran regalo.

Alimenta tu fe, no tus miedos. Nuestras creencias se basan en la fe o en el miedo. Tienes el poder de seguir la primera y renunciar al segundo.

No puedes olvidar una ofensa, pero sí eres capaz de superar el pasado y perdonar. El perdón es una cuestión personal y una forma de liberación.

Siempre hay una esperanza donde crees que no la hay. Tú eres la esperanza. Atrévete a cambiar el "sí puedo" cuando toda tu aptitud parece querer un "no puedo".

La mente es la herramienta poderosa y
básica que necesitas para tu vida.
Aprovéchala para tu propio crecimiento
y felicidad. Ella está a tu disposición.
No permitas que te use.

Un pensamiento puede empoderarte o destruirte. Controla tus pensamientos, no seas aquel que vive preso en su mente. Sé aquel que produce pensamientos útiles y positivos. No eres tu mente, pero terminas atrayendo lo que piensas.

No es fácil trabajar duro para lograr el éxito, pero es mucho más difícil lograr el éxito cuando no trabajas en pos de tus deseos. La clave no es solo visualizarlo en tu mente; debes trabajar a favor de tu visión.

¡Deja que tu visión te guíe!

No hay secretos para lograr el éxito
en la vida, solo existen las herramientas
para construir nuestro porvenir.

Nunca ignores el amor. La vida se fundamenta en este sentimiento.

Tú eres amor, ¡ama y déjate amar!

Un pensamiento hace que te levantes por
la mañana. Un pensamiento es tan
poderoso que puede cambiar tu ánimo o tu
percepción de cualquier situación. La
belleza de tus pensamientos es que son
tuyos y puedes cambiarlos según tu ánimo.

Cuando estás en una búsqueda
constante, algunas veces no te
detienes a ver lo que está al frente tuyo.

Las dificultades de la vida te fortalecen.
Repite esto cuando sientas un gran peso
sobre tus hombros.

Puedes adquirir nueva energía y
fortaleza, pero nada ocurrirá a menos
que te abras a los cambios. No te
cierres a la grandeza de tu interior,
ni a los regalos que el universe
tiene reservados para ti.

Apóyate en la sabiduría y sigue tu imaginación.

Atraemos a personas que reflejan
nuestro interior. Debemos estar muy
conscientes para verlo y sentirlo. Nos
vemos reflejados a diario en los demás;
vemos nuestras cualidades y defectos,
la vida nos muestra siempre nuestro
espejo.

No hay mejor forma de empezar el día
que con una sonrisa y los brazos
abiertos. Abre tu corazón al mundo;
no vivas en posición fetal.
Ábrete a la vida.

Que no estés dormido no significa que
no puedes seguir soñando.

Cambiar tu visión no significa
que no tuviste éxito;
solo estás buscando nuevas soluciones.

No aceptes una mentira porque no te gusta la verdad. Una mentira no es eterna. A veces parece lo ideal y te brinda la esperanza de un cambio, pero sólo la verdad es la luz en la oscuridad. Una mentira será siempre una mentira.

El Arte de las Palabras

No compliques lo simple. La verdad
es siempre simple; es nuestra forma
de comprenderla lo que la complica.

Aprende a dar sin esperar. Haz las cosas desde el corazón. A veces, cuando hacemos las cosas esperando algo en retorno, nos desilusionamos.

No te juzgues, cambia. Somos nuestros
más duros críticos. Sé el observador
que se convierte en servidor. No te dejes
atrapar por tus propios juicios.

Para encontrar la paz interior debes aceptar todo lo que te rodea. La paz interior es producto de entender lo que está en tu entorno.

Mantente en paz con lo bueno y lo malo
buscando tu progreso. Sin importar
lo que ocurra, mantén la calma
mientras lo superas. Un hombre en pánico
no ayudará a detener la guerra.

Nunca permitas que una mala experiencia
te impida vivir. Una mala experiencia
crea una historia en nuestra mente
que comparamos con algo similar.
Acepta tus experiencias buenas o malas,
más no limites tu vida por culpa de un mal
pasado. La vida se trata de eso,
nunca dejes de experimentar.

¿Qué es un pensamiento positivo sin
una acción positiva? Cambia tu mente
y trabaja a favor de esos cambios.
¡Sé positivo y actúa como tal!

Trabaja en pos de tus deseos.
"El hombre que se sentó bajo la luna
esperando una casa, esperó toda su vida,
pero el hombre que trabajó por su casa,
la consiguió".

Cuando todo falla, recuerda que sólo
puedes mirar hacia arriba.
Perteneces a la cima y ahí estarás.

Si no estás rodeado de motivadores,
sé tu propio motivador.

El tiempo y la experiencia son los mejores
maestros de la vida.

Si no encuentras un plan,
no te preocupes; no lo necesitas.
¡Sigue adelante y madurando!
A pesar de nuestros planes,
la vida nos trae una lluvia de regalos,
por lo general, inesperados.

No te compliques las cosas.
Sé la luz más brillante y verás más claro.

Puedes lograr todo lo que piensas.
Si crees que no puedes, te limitarás;
si crees que puedes, lo lograrás.
Nuestras creencias nos afectan para bien o
para mal: atraes y eres lo que crees.

Trabaja fuerte pero con propósito
y deja que esto te haga feliz. Muchos
terminan trabajando en algo que no los
hace felices. Si vas donde quieres, sigue,
no te quedes donde no quieres estar.
¡Tu trabajo es tu propósito!

El amor verdadero es amarte a ti mismo.
Para sentir amor total hacia alguien,
primero debes descubrir este
sentimiento en tu interior.

¿De qué te sirve el conocimiento sin acción? Sigue tus conocimientos por muy difícil que sean. Nunca podrás borrarlos.

Aprende para enseñar. Ama para amar.
Esa es la vida. De una manera u otra,
dejamos gran parte de nosotros
en el mundo y en las personas. ¿Qué mejor
dejar que conocimiento y amor?

El amor no es una posesión; el amor
es como el fuego en una danza lenta:
dos seres anhelando compartir una canción,
no poseerla.

No temas a lo desconocido, puede estar
pleno de bendiciones. Temer a lo que no
conoces es limitar tu travesía por la vida.
Quizás lo "desconocido" es conocido
para tu alma.

Confía en el universo y en ti.
La desconfianza atrae miedo
y preocupación.

No permitas que nadie te prive de tu paz. En verdad, no es posible privarte de tu paz; es tuya. Proyéctala aunque la persona te desagrade. Nadie más que tú puede privarte de tu propia felicidad.

Aprecia a los seres que están siempre
presentes en tu vida;
nunca olvides mostrar aprecio.

Toda la paz que necesitas
está en tu interior. ¡Tú eres paz!

Para solucionar un problema,
no siempre debes actuar, a veces
sólo puedes aceptar las cosas como son.
Serénate y espera que todo se aclare.

No huyas si tu destino es quedarte.
Sé paciente con el presente cuando
desees estar en otro lugar,
recuerda que sigues "aquí" por algo.

Preocúpate menos por cómo te
perciben los demás y más por cómo
te percibes a ti mismo. No es de sabios
enfocarse en los juicios ajenos
y desatender los propios.

Pregúntate siempre si es tu ego
o tu corazón el que desea algo.
Cuando tu conciencia asuma el control
estarás más en sintonía con el origen
y la toma de tus decisiones.

Disfruta de la naturaleza, es gratis.
Toma conciencia de la esencia
de la naturaleza. Observa las flores
y cómo florecen para todos,
las nubes pasajeras, la quietud de un
árbol, la hierba y el aire que respiras.
Observa la naturaleza desde el corazón.
Te puedo garantizar que vas a sonreír
ante su magnificencia.

Observa sin juzgar. Buscar tu camino
espiritual te ayuda a eliminar
la necesidad de juzgar y a entrar
en el mundo de la observación.

Vive tu travesía y no temas disfrutarla.
En ocasiones, tu felicidad depende
de la tristeza ajena,
pero no puedes detener tu jornada.

"Hoy voy a practicar la paciencia.
Me impondré retos y tendré éxito.
Hoy, mañana y siempre, son para mí.
Vive la vida que deseas y al lado
de aquellos que quieres.
Sé tu propio contrincante, desafíate
y cree en tus resultados.

Si cambias, que sea para mejorar.
Estamos cambiando siempre, asegúrate
de que vas hacia una dirección positiva.

No elijas ser desdichado solo, porque es
más cómodo. No hay nada malo
en desear la comodidad, pero
¿por qué elegirla cuando no eres feliz?

Sigue hacia adelante sabiendo
lo que dejas atrás. Así no tendrás
que voltear la mirada en tu camino.

El dolor nos destruye y el amor nos sana.
El dolor y el amor son
inevitables. La belleza del dolor
es que el amor lo supera y es infinito.

Deja que el dolor se sane, no lo entierres. Toma el tiempo necesario para curar, no sepultes en tu interior lo que pertenece al exterior.

Ríete más; ama más; siente más.
La belleza de la vida está en nuestras
emociones, en nuestra risa
que nos brinda alegría y en nuestro
amor que nos da vida.

No vivimos del dolor: aprendemos
de él. No eres dolor; eres lo que
aprendes a través del proceso
de sentirlo. El amor sana el dolor.

Pedir es fácil, pero demostrar aprecio
es más sencillo. No desperdicies
un segundo más sin demostrar gratitud
hacia las cosas que has recibido
en tu vida, las lecciones que has
aprendido y las personas que conoces.

La meditación te calma y te permite reflexionar de manera positiva, aclarar tu mente y encontrar paz y quietud. Le brinda tranquilidad de espíritu a tu vida, y paz a tu interior. Es una práctica que te permite adquirir conciencia en tu vida diaria.

Siempre terminamos prediciendo lo que
creemos, predice entonces todo
aquello que incluya una posibilidad.
No te limites en lo que deseas,
cree en todo, sobre todo en ti.

No confundas intimidad con apego.
No hay nada en este mundo a lo que
debas apegarte. Mantén la intimidad,
sí, pero el apego te llevará
a la necesidad de poseer. No es cuestión
de posesión, sino de libertad.

No tomes decisiones por comodidad, toma decisiones desde el corazón. Sigue a tu corazón aunque te lleve a un callejón oscuro. En todo callejón hay luz al final, no temas proseguir tu jornada.

Confía en la sabiduría de la naturaleza
y en que los errores son lecciones
que conducen al progreso. Confía en todo lo
que ocurre, porque la vida,
tal como la conocemos, es cuestión
de vivir y aprender.
¿Cuál buena lección se aprendió sin errores?

Piensa en algún momento difícil en tu vida. Ahora piensa en como estás hoy. La vida es una experiencia infinita que siempre superamos. Nunca te escapas del presente, más bien deja atrás los problemas.

El estrés puede eliminarse o alimentarse.
El estrés es humano. Las claves para
evitarlo son la paciencia y la conciencia,
así como tus palabras y acciones.
No seas aquel que alimenta su estrés
y vive según el patrón y el dolor
que este provoca en su cuerpo.

No te quedes con alguien por temor a la soledad. Tan pronto sientes que necesitas a otro para sentirte completo, pierdes tu existencia. Cuando sientas ese vacío en tu interior, aprende y entiende que solo tú te necesitas. Desear una pareja es propio de la naturaleza humana, pero cuando te sientes incompleto, es el cuerpo que está reclamando paz. Sé feliz en tu soledad.

Toma un par de minutos al día para ti
y sintonízate con tus emociones. A veces
olvidamos mirar nuestro interior y aquietar
la mente. Nada es más precioso que
escuchar y sentir tu propio corazón.

Nadie te conoce mejor que tú. Busca las respuestas en tu interior.
Todo lo que debes saber está siempre ahí. Puedes buscar consejos, pero la verdadera guía eres tú. Antes de que tu mente tome una decisión, tu ser interior ya la sabe.

Cuando se termina una relación, es bueno
estar un tiempo solo. No empieces
a buscar a alguien o a tomar decisiones
súbitas sólo porque no puedes estar sin
alguien. Toma el tiempo que necesitas
y deja que el universo te traiga a alguien
en el momento adecuado. El tiempo sana
y enseña. Las personas llegan a tu vida en
el momento apropiado.

La tentación es parte de la vida.
Sé fuerte para evitar cualquier tipo
de tentación. Cuando tomas conciencia,
ves la tentación frente a ti. Mantente
en tu camino; no le des oportunidad.

Toda decisión que tomamos provoca algo
de temor, siempre hay un "si acaso" o
un "pero". No temas actuar y pensar con
claridad. No te dejes llevar
por pensamientos que te inspiren temor,
cambia tu mente.

Para ser feliz, debes aceptar tu realidad.
No puedes cambiar la mayor parte
de las situaciones, pero todo es temporal.
Si no puedes cambiar una situación,
acéptala durante ese momento. Al hacerlo,
serás más feliz, cambia tu manera de
pensar. Sé el cambio positivo que deseas.

Un hogar limpio es un espacio puro.
Permite que las energías fluyan en tu templo.
Tu hogar es como tu cuerpo. Mantén las
energías de tu hogar como las de tu cuerpo:
frescas y limpias. Esto marca una diferencia
en tu forma de vivir y en las vibraciones
que llegan a tu vida.

Acéptate para aprender a aceptar a los
demás. Los juicios y la complejidad
empiezan cuando eres incapaz
de ser quien eres y encuentras problemas
en los demás.
Conócete y ámate, así sentirás amor
y aceptación por tu prójimo.

Para llegar a donde quieres, debes saber
lidiar con tu posición actual. No puedes
tratar de correr si no puedes caminar.
Lidia con cada paso
antes de llegar a tu meta.

¿Qué es un sueño sin riesgos? No temas correr riesgos, el miedo no existe. Para hacer realidad tu sueño, debes entregarte por completo a su realización. Tu sueño te llevará a lugares y a experiencias que nunca imaginaste. Cuando estés a punto de rendirte, recuerda que vas a mitad del camino.

No luches tanto, porque terminarás
luchando contigo mismo.
Busca la paz interior para liberarte.

No esperes que el amor te haga sentir
de cierta forma. No busques el amor, pues su
búsqueda implica expectativas,
y el amor no espera nada.

No te aferres a algo cuando debes dejarlo.
Tienes que saber cuándo hay que liberar
las cosas.

Puedes escuchar tus pensamientos
o sentir y ponerle la atención a tu intuición.
Tu intuición nunca falla.

Haz crecer tu ambición y bríndate lo que
te mereces, lo mejor y nada menos.
Esto debes verlo y creerlo.

No permitas que tu mente te aleje
de tu motivación.
¡Controla tus pensamientos!

Puedes mudarte a otro estado o país para buscar la paz, pero siempre estarás buscando algo que se encuentra dentro de ti. Puedes apreciar la belleza y los momentos de paz, pero la paz verdadera está en tu interior.

Recibir bendiciones es un regalo. Ya sea un nuevo empleo, un recién nacido, un nuevo amigo, una nueva lección, un nuevo sabor. Puedes nombrar casi cualquier cosa de tu día, y lo más probable es que encuentres una bendición escondida. Estás rodeado de bendiciones: eres una bendición.

Reconoce la diferencia
entre lo que está mal y el temor.

Perdonar es señal de fortaleza y no de debilidad. Sé lo suficientemente fuerte como para dejar ir en vez de aferrarte al resentimiento. El arte de perdonar te sorprenderá cuando veas cómo pueden ser las cosas ante tu sentimiento de liberación.

No viniste a esta vida a sufrir. El dolor es inevitable, sufrir es opcional. El sufrimiento perpetúa y amplifica el dolor. Trabaja en sanar el dolor y en mantenerte lejos del sufrimiento. Encuentra siempre una puerta para tu liberación.

Elimina el "yo": representa el ego que tu mente ha creado. No alimentes este falso e innecesario sentido de identidad. Vive según tus necesidades y los deseos de tu alma.

No permitas que el placer se convierta en una adicción indispensable. El placer no tiene nada de malo, pero cuando abusas de él, es adictivo. No tienes que depender ni aferrarte a nada.

Rétate a superarte. ¿Cómo sabrás qué tan alto
puedes llegar si no lo intentas?
Esto requiere más que buenas intenciones,
no debes rendirte jamás.
Esto será un reto para ti.

Cambia el juicio por amor. Es fácil juzgar
y encontrar fallas ajenas. Nadie es perfecto.
Cuando dejas de juzgar,
observas con amor y gratitud.

Sin importar lo que hagas ni adonde vayas, no olvides amarte siempre.

Algunos de los patrones de nuestras vidas
son reflejo de nuestro interior
o de ciclos hereditarios.
Rompe esas cadenas y mejora tu vida.

Elimina viejos bloqueos, pues no observarlos,
los creó en primer lugar.

Todo es cuestión del poder de liberación.

Etiquetarte es como entrar a una habitación
y decir que esa es la vida. No te límites.
Vive al máximo tu potencial. Para conocerlo
debes ver todo lo que hay en tu interior
y tomar acción sin límites.

Ponte en sintonía con lo importante: tú.

Busca paz interior; elimina lo innecesario. A veces, podemos encontrar mayor tranquilidad después de realizar algunos cambios en nuestro interior.

Después de decidir algo, desafíate a lograrlo.
Eres tú contra ti. Hay quienes sólo
empiezan y hay quienes terminan. Cuando te
estanques a mitad del camino, enfócate
y recuerda lo que te motivó a empezar.

Cuando permites que tu ego se interponga en el camino en forma de orgullo, ira, etcétera, cierras todos los caminos. ¡No cierres tu puerta!

Mentir sólo conlleva a más mentiras: eso no es vida. Todo lo que haces se convierte en un patrón. El amor conlleva a más amor, el odio conlleva a más odio, la paz conduce a una mayor paz. Crea tu propia senda y dirígete hacia un camino bueno para ti y los que te rodean.

Fantasear sobre lo que fue, es un sueño irrealizable. Más bien, sueña con lo que podría ser, con el estado al que deseas llegar. No puedes cambiar el pasado, pero puedes cambiar el futuro.

Nunca pierdas la esperanza ni la fe,
nunca dejes de creer.

La mente tiene preguntas;
el alma tiene respuestas.

Vivir en la mente es desconectarse
de la vida.

El pasado nunca volverá;
el pasado es inmóvil.
Deja el pasado donde pertenece: atrás.

La vida se vive cuando uno está
totalmente despierto en el momento presente.
Estar despierto no significa tener
los ojos abiertos;
significa entregarse al ahora.

Ningún fin puede terminar contigo,
a menos que sea el final de la vida.
No temas a los finales,
son sólo nuevos comienzos.

Si la pereza te impide realizar un gran logro, repite: "La pereza conlleva al fracaso". Siempre es bueno encontrar maneras de motivarte y salir adelante.

Anhela estar en tu lugar de fe.
Anhela empoderarte
con tu fortaleza innata.

No aprisiones a alguien que necesita
o desea su libertad, ni a ti mismo.

Las palabras tienen un gran poder sobre
nuestras vidas. Úsalas con sabiduría.

"Puedo y lo haré porque puedo".
¡Cree que puedes!

Se terminó por algún motivo.
Entierra el pasado.

Quien eras no significa nada
en comparación con quién eres. Olvídate de
tu edad y acepta a tu ser actual.

Los grandes logros requieren grandes riesgos.
Si tienes una gran meta,

debes estar dispuesto a dar un gran salto.

Luchar por amor vale la pena cuando
la otra persona está luchando contigo,
no contra ti.

La vida tiene muchos niveles de progreso,
cuanto más alto, mejor.
El progreso es cómo los números: infinito.

Ama con ternura, ama con pureza,
ama cuando sea, ama para siempre.

¿Hacia dónde debes ir?
Sigue tus instintos no tu ego.

No te quedes atascado en relaciones pasadas, mantente abierto a un amor nuevo y mejor. Ábrete a un nuevo comienzo sin limitaciones. Anhelar el pasado sólo te recordará la ilusión de lo que fue e impedirá lo que está por llegar.

No te crees expectativas de los demás,
¡crealas para ti mismo!

Respeta la energía de tus padres.
No los juzgues pues te dieron la vida.
Ámalos y acéptalos tal como son.

Nada es permanente; no temas a los problemas porque no son para siempre.

Buscar la perfección es obviar el resto.
Nada en esta vida es perfecto.

No todos viven la misma realidad
ni están obligados a hacerlo. En lugar de
centrarte en lograr que las personas
te amen o te entiendan,
atrae a la gente de tu misma frecuencia.

Un nuevo amor nunca se debe comparar
con un viejo amor. Aprecia lo bueno
en vez de anhelar lo pasado. Dale la
oportunidad de permanecer en tu vida
a quien se encuentra en tu presente.

Nunca castigues a alguien por tus errores.
Cometer un error no es ideal para nadie,
pero castigar a alguien por tus faltas
es mucho peor.

Muy dentro de ti siempre encontrarás las respuestas. En el mundo exterior encontrarás todas tus preguntas.

Valórate para no hacerte daño. Trata de evitar
una posición que te deteriore tu interior.

Nunca renuncies a lo que amas por ceder a la
confusión.

Es clave mantener la honestidad.
Mantén la honestidad contigo y con los demás.
La honestidad siempre evita la confusión y el círculo del drama.

Adquiere el valor de defender lo que es importante para ti. Nunca temas luchar por lo que crees.

El amor no es un capricho pasajero;
el amor es libertad.

Las cosas materiales no solo se reflejan
en tu vida exterior. Las personas las quieren,
pero no las necesitan.

Darle importancia a la opinión ajena
siempre será un motivo de preocupación.
Ayúdate y no prestes atención a rumores.

Ciérrale la puerta a la negatividad,
y ábrele la puerta a la luz y a la pureza.
Deja que se ilumine tu vida
y la de quienes te rodean.

Si no puedes estar a gusto contigo, ¿cómo
podrás estar completa y verdaderamente
en paz con los demás? O estás en verdad
a gusto contigo, o dependerás de alguien
que te haga sentir a gusto contigo.
Depender de los demás para ser feliz
es como cerrarle los ojos a la vida.

La mayoría de las personas se crean una
imagen de cómo piensan que deben ser.
Tu ser se desarrolla con el tiempo; permite
que crezca naturalmente en vez de obligarte
a convertirte en alguien que no eres o que tal
vez no deseas ser. El crecimiento personal
no se puede planificar. Es un misterio
de la vida aprender y transformarte
a través de esas lecciones.

Debemos tomar medidas para conseguir
lo que queremos y no sólo desearlo.

La belleza de la vida
es que sin importer lo que suceda,
siempre se resolverá a tu favor.

Busca en tu interior la llave necesaria
para abrir la puerta que encontrarás
en el exterior. No hay nada cómo
dos mundos bien conectados.

Sé paciente y hazlo con gracia.

Todos buscamos respuestas
a las preguntas para las cuales nosotros
somos la contestación fundamental.

No permitas que tu desconfianza
te desvíe de tu centro.
Ten confianza en tu habilidad de destacarte.

No es posible complacer a todo el mundo; más bien,

ten éxito y complácete a ti mismo.

Todos podemos ser grandes maestros, pero hay
que aprender a ser alumnos

para enseñar.

No mires tan lejos en el futuro que te produzca ansiedad tratar de alcanzarlo. Vive para hoy; para el presente.

Correr a todas partes para encontrarte
es una carrera imposible de ganar.
Debes buscar en tu interior.
Es imposible huir de ti mismo.

No temas estar solo.
La soledad te brindará la paz definitiva.

No permitas que la mente ni el ego
definan tu forma de ser. Obsérvate cómo
eres, no como la mente te interpreta.

La vida comienza cuando liberas
todo lo que está en tu interior.

"Hoy no escucharé mi mente; hoy me liberaré y asumiré el control."

Cuida tu cuerpo, nadie lo hará por ti.

Somos nuestros propios terapeutas.
El problema es que no hacemos caso
a nuestras voces.
Escucha, siempre posees lo que debes saber.

Alimenta el alma con lo necesario.

Ir en pos de lo que te hace daño
e ignorar lo que es bueno para ti,
es señal de inconsciencia.
Si fueras verdaderamente consciente,
no lo harías.

La mayoría de las situaciones no son
tan complejas como la mente las
percibe. Sé consciente de que cada
situación conlleva una solución si deseas
hacer tu vida más fácil, y
¿a quién no le gustaría eso?

La energía fluye a través del cuerpo;
déjala fluir. No crees bloqueos,
todo cerco estanca la energía. Tu
cuerpo debe estar en todo su esplendor,
resplandeciente y lleno de ardor.

Tomar una ducha antes de ir a la cama,
te ayuda a dormir mejor y a purificar la
energía de tu día.

Las lágrimas son una forma poderosa de terapia; si es necesario, déjalas correr.

Dejar ir no significa solo hacerlo
físicamente, también mental
y emocionalmente.

Adquiere conciencia de ti mismo
para saber si algo o alguien te presenta una
atracción positiva o es simplemente
una distracción.

Cree en ti y en tu camino, incluso si te hace
tomar algunos giros inesperados.

Comienza cada día con un estado
de ánimo positivo. Tienes todas las
herramientas, tanto mentales como físicas.

Formúlate una pregunta importante cuando
estés cumpliendo un deseo:
¿Es un deseo de tu ego o de tu alma?

Escucha tu intuición y sigue tus sentimientos. Si no puedes distinguir entre tu mente y tu intuición, practica a diario estar en sintonía contigo.
¡La meditación ayuda!

Cuando te conoces,
es fácil tomar decisiones.

Escucha tus pensamientos y obsérvate. Para aprender y cambiar,

debes empezar por escucharte y observarte.

Hazte consciente de lo que haces;
tus hechos definen lo que eres.

No esperes a perder algo
para empezar a valorarlo.

Siente la sensación pura del amor;
deja que fluya como la energía,
de forma natural.

Para apreciar la belleza exterior,
debes considerar la belleza interior.

Acepta el deseo de tu alma y no temas.

Si decides estar cómodo, hazlo en paz.

Nadie puede obligarte a hacer algo que no
quieres. Toma decisiones basadas
en lo que deseas, no en la opinión ajena.

El matrimonio es un compromiso
entre dos y no entre tres o más.

Si decides hacer hincapié en algo,
hazlo en el progreso y no en la tristeza.

La repetición de errores es un ciclo que debes romper. Cambia tu vida para mejorarla, aun si eso significa dejar atrás el pasado.
Después de todo, perteneces al ahora.

No luches con la mente, pues el conflicto
no hará sino empeorar.
Evita los pensamientos insignificantes
o terminarás amplificándolos.

Saber lo que está mal, y aun así,
seguir haciéndolo,
es señal de falta de autocontrol.

Sentirse vacío es satisfacer al ego,
pues el corazón está destinado
a sentirse pleno.

La vida nunca da marcha atrás;
la mente sí.

Respira más; piensa menos.

Nunca subestimes a un ser querido.

Cree en algo, pero sobre todo cree en ti.

Adquiere la conciencia de evitar el
desequilibrio de tus estados de ánimo.

Ser una persona de palabra significa
ser honesto contigo. Una mentira vive
en tu interior y en el de nadie más.

Expresa lo que sientes: debes manifestar con libertad tus emociones. Cerrarte, solo hará que tu escudo se fortalezca evitando la intimidad.

Es propio del ser humano vivir feliz.
Atraviesa las enormes olas de la realidad,
flota si no sabes nadar, pero no te ahogues.

No puedes escapar del tiempo,
sólo puedes aceptarlo.

El amor es hermoso; siéntelo y acéptalo.

¿Por qué brillar con la luz de alguien más,
cuando tienes la tuya propia?

La libre expresión es difícil, especialmente
cuando te han hecho daño en el pasado,
pero el dolor es una de las formas
más intensas de aprender en la vida.

Cuando alcances la paz interior, nunca desearás, dejarla ir. Búscala en tu interior con el fin de proyectarla en tu exterior.

Observa a los demás con amor
y no con juicios.

Explora tus talentos y cree en ellos.
No permitas que los falsos pensamientos
te inspiren inseguridad. ¡Ten confianza!

Repetir un error es parte de la vida,
pero no olvides la lección
ni termines viviendo en el error.

Una y otra vez, aspiramos a lo impensable
esperando que llegará a ser
lo que nuestra mente dicta.
Aspira desde tu corazón: él sabe.

Enfócate en lo que viene en camino,
no en lo que ha quedado atrás.

El ego ve la vida como un juego.
Si crees que estás jugando,
el ego está jugando contigo.
¡Sé consciente!

Tu adultez es un reflejo de tu infancia.
No puedes regresar a tu infancia
para mejorarla, pero si puedes aceptarla
y vivir con plenitud.

Los padres afectan a sus hijos;
ante el dolor de los padres, los hijos crean
escudos para no sentirlo.
Estos escudos también bloquean la alegría.

Las imperfecciones no están ahí
para ser juzgadas constantemente,
el ego es el rostro del juicio.

Nadie puede cambiar tu destino,
no temas al proceso.
El destino está esperando tu llegada.

No sientas temor de volver a empezar,
la vida se trata de nuevos comienzos.

El ego disfruta del sufrimiento
y de los deseos.
Alimenta tu alma con felicidad.

Permanece en el presente;
no vivas tu vida en un momento
que no sea el ahora.

Algunos eligen vivir en la tristeza,
y alcanzar la paz.

Cualquier cosa puede ser simplificada con un "del dicho al hecho, hay mucho trecho", pero lo único importante es lo que se logra con una ardua labor.

Cuando sientes el deseo de empezar algo, harás lo inimaginable para alcanzarlo. No permitas que el temor te impida intentarlo.

Cuando se ama, no se aspira a tener
la razón sino a lograr un acuerdo.

Controlar tus emociones es una forma
muy poderosa de conocimiento y fortaleza.
¡Aprende a hacerlo y persevera!

Entrega lo que no es tuyo y acepta
lo que mereces.

Cuando el corazón está dispuesto
a perdonar, no permitas que la mente se aferre.

No accedas que tu mente te impida
terminar lo que empezaste.

En ocasiones, la guía que buscamos
es la orientación que poseemos:
nuestra intuición.

Sé quién eres sin importar
lo que digan los demás; no vale la pena
perderse para complacer a otros.

Si puedes ser quien deseas,
opta por ser feliz.

Evita toda complicación y asegúrate
de no ser parte del problema.

No te enfoques en lo mal que están las cosas, más bien planifica lo bien que pueden llegar a ser.

No juzgues a los demás por sus errores.

El objetivo de la mayoría de las relaciones
es en ellas. Aprende y suelta.

Una vez que estés a mitad de camino, sigue,
a menos que sea el camino equivocado.

Sé honesto con los demás, pero,
sobre todo, sé honesto contigo.

Cuando el objetivo se sienta inalcanzable,
recuerda la razón tras tu meta.

¡No dejes de creer!

No permitas que unas cuantas caídas
te detengan. Después de todo,
es lo que te ayuda a aprender.

No permitas que la desconfianza te impida
alcanzar metas difíciles.

Recibe los mensajes de la vida,
sin importar si llegan a través del dolor
o de la felicidad.

Renuncia a tus miedos y cede a la fé.

Bebe lo que te gusta,
no lo que te ofrezcan los demás.

Aprecia cada nuevo día.

Tú eres la luz más importante.

¡Brilla!

La mente es un archivo desorganizado,
organízala. Durante años, tu mente ha
producido pensamiento tras pensamiento,
bueno o malo. Debes equilibrar tus
pensamientos y no permitir que tu mente se
desborde de ideas.

Cree en todo aquello a lo que le entregas tu energía. Aunque tu tarea parezca difícil, confía y cree sin negatividad.

A veces lo único que necesitamos
es silencio.

Siente el amor en el corazón,
no en la mente.

El ego no puede sentir amor puro,
solo puede sentir obsesión.

Encuentra tu centro en tu interior,
encuentra el centro de la vida.

Aprecia todo lo que está a tu alrededor.
No des por hecho o por seguro a la vida.

No te conformes con la negatividad ajena.
Adáptate a tu progreso personal.

Si quieres ayudar a los demás,
diles lo que necesitan escuchar,
no lo que quieren escuchar.

Acepta que tu edad cambiará,
pero tu alma se mantendrá joven.

Conviértete en tu propio oponente;
rétate a ser mejor.

Guarda los recuerdos que te hacen sonreír,
no los que te hacen fruncir el ceño.

Encuentra la alegría en el dolor; el dolor te
enseña y te fortalece.

Conéctate contigo de forma espiritual para encontrar la verdadera paz y la iluminación.

No hay necesidad de envidiar a nadie, no hay necesidad de juzgar y criticar.

Vive y juzga tu propia vida.

Adquiere conciencia para convertirte en el observador de cada pensamiento y acción.

Entiende que la vida viene con tiempos
buenos y malos, que puedes encontrar
equilibrio y felicidad a pesar de todo.

Es fácil dar consejos y difícil seguirlos;
¿De qué te sirve dar consejos
si tú mismo no puedes seguirlos?

Cambia desde adentro
para que los que te rodean
se inspiren a cambiar.

No ofrezcas lo que no tienes.

Cuando algo ha terminado, déjalo ir.
No regreses de donde alguna vez
quisiste salir.

No cambies tu dirección a otra cosa que no sea el momento presente. No tiene nada de malo desear lo que el futuro tiene para ofrecer, pero no lleves tu conciencia tan lejos en el futuro, que se te escape el presente. Solo a través de la mente puedes escapar del ahora. Es difícil estar aquí si la mente te lleva a otro lugar.

Ama a tus hijos;
ese amor será su alimento.
Los niños necesitan el calor de sus padres.

El hecho de que no puedas ver el sol,
no quiere decir que no ha salido.

Entiende, aunque no estés de acuerdo.

No permitas que el ego interfiera
en una relación. El amor puro no tiene que
aferrarse ni temer.

Ser emocionalmente insensible es ignorer
muchas cosas maravillosas de la vida;
las malas experiencias son lecciones
que nos enseñan a soltar y a no aferrarnos.

Una persona disfuncional repetirá los mismos errores y atraerá más de lo mismo. ¡Rompe el ciclo!

Puedes estar descansando en una isla,
pero si no tienes control sobre tu mente,
no puedes relajarte por completo.

Sé humilde.

Ayúdate conociéndote.

No esperes a que algo malo o bueno
ocurra para dar gracias por todas tus
bendiciones.

La mente no debe correr todo el tiempo.
Contrólala.

¿Por qué ignorar
lo que puedes aceptar genuinamente?

A veces las personas saltan de una
relación a otra sin permitirse tiempo para
sanar o madurar. Tómate tu tiempo
y aprende a estar en paz antes de darle
la bienvenida a un nuevo amor.

El hecho de que aún no has llegado
a donde quieres ir, no significa que no
perteneces a ese lugar. Sólo significa
que te va a llevar más tiempo.

Las palabras pueden quemar
como el fuego.

Sigue tus sueños, no tus ilusiones.

El éxito no se obtiene de un día
para otro, se obtiene a través del sudor
y las lágrimas.

No te preocupes demasiado acerca de "qué
pasaría si…" pues lo que va a ocurrir,
ocurre. Enfócate en lo que es.
Lo que "es", es lo que tienes, úsalo.
El "si acaso" es un millón de cosas
que pueden o no ocurrir. Mantente
enfocado en lo "que es", y te alegrarás de
haber rechazado todos esos "si acaso".

Cuando sientas que no hay esperanza,
créala.

No bloquees el dolor, bloquear el dolor
es como almacenar las emociones.
¡Libéralo!

Ilumina tus siete chacras y alegra tu vida.

Eres el éxito: atrae lo que eres.

El amor no cierra los ojos. El amor puro trabaja constantemente en mantenerlos abiertos.

Si deseas detenerte, hazlo.
Tú controlas tu vida.

Rompe con el miedo. ¡
No permitas que interfiera!

Puedes hacer lo que quieras.
La pregunta es: ¿estás dispuesto?

Levántate en vez de esperar que alguien o algo lo haga por ti.

Mantén tus pies sobre la tierra
mientras surcas las nubes.

Si hay algo que no puedes cambiar,
¿Por qué no haces lo mejor que puedas con lo
que tienes? El día de la semana
no se puede cambiar, pero tú forma de verlo
sí.

A veces las cosas no son tan complicadas como las vemos.

Disfruta del silencio,
es una excelente forma de tranquilidad.

La vida mejora cada vez más,
se hace difícil pero mejora.

Acepta a las personas por lo que son.

Una relación sana con tu mente significa
dejar ir y crear una relación sana contigo.

Las primeras caídas son difíciles,
pero se van haciendo más fáciles con el
tiempo y la experiencia.

Disfruta la dulzura de la vida
y aprende de lo amargo.

Mantén tu hogar limpio, es una fuerza
fundamental de energía en tu vida.
Deja que la limpieza y la luz
entren en tu hogar.

No puedes cambiar a tus padres
como te gustaría.
Acéptalos como son y vive tu vida.

Si te importa la opinión ajena estás
impidiendo tu propia felicidad.

El estado de la paz interior se logra
con quietud, paciencia y comprensión.

¿Por qué ser antipático
y alterar el ánimo de otra persona?
¡Sé amable!

El ego no puede sobrevivir en el silencio.
El ego evita la quietud que nos permite
llegar a la iluminación.

Buscar algo que ya tienes en tu interior
solo, sólo hará más difícil encontrarlo.
En ocasiones pensamos qué necesitamos
además para ser felices o tener éxito,
ya tienes todo lo que necesitas.

El Sol y la Luna salen para ti.
El día y la noche son regalos de la vida.

Una vida sin amor
es como una persona sin corazón.

Elige una vida que te hará feliz,
sea difícil o fácil. Sé feliz y vive en paz.
Tú eres fuente de tu vida, tu libertad,
tu paz interior, tu amor y tu felicidad.
Puedes ser lo que quieras ser,
permite que así sea.

Made in the USA
San Bernardino, CA
10 June 2016